AF331817

LES

BONS AVIS

D'UN COMMUNARD

AN 79 DE L'UNE ET INDIVISIBLE

Honnêtes gens, mes ennemis, race inoffensive de niais, d'endormis et de peureux, je ne vous aime guère, je vous estime peu et vous crains moins encore. C'est pourquoi je vous dédie ces pages.

ABBEVILLE

IMPRIMERIE BRIEZ, C. PAILLART ET RETAUX

90, Chaussée Marcadé, 90

1871

LES BONS AVIS

D'UN COMMUNARD

Dans mon jeune temps et depuis, j'ai fréquenté beaucoup, pour des raisons que je ne dirai pas, ce que vous appelez des prisons. Au fond, rien ne vaut ce régime-là ; j'en sais quelque chose, et ceux des vôtres que nous avons coffrés à Paris à la seule fin de leur épargner la peine de se loger à leurs frais, s'en lèchent déjà les dix doigts : c'est constaté par les journaux. En attendant que vous en goûtiez, ce qui ne tardera guère, foi de communard ! vous saurez, vertueux soliveaux, qu'un beau jour, dans un de ces heureux gîtes, ma bonne étoile me fit faire la rencontre d'un vieil habitué de l'endroit. Inutile d'ajouter que c'était un de ces excellents frères et amis que mon camarade le Père Duchêne, fin littérateur, gratifie cordialement de sa cocarde : bon b... c'est court, pas aristocrate, et c'est expressif, ou je n'y connais rien. M'ayant pris en amitié, le brave coquin se chargea de perfectionner mon éducation déjà pas mal avancée, je m'en flatte. Il savait tout excepté, je crois, l'orthographe, mais il était particulièrement fort sur l'*histoire de la famille*. Or, un soir que nous avions longtemps devisé là-dessus : « l'ancien, lui dis-je, une chose m'étonne : ce n'est pas que, dans tous les temps, nous ayions toujours réussi à faire des nôtres, chacun dans sa mesure et souvent sans être pincés (il suffit d'avoir le truc et de savoir son code). Ce qui me confond, c'est qu'on nous ait laissés, plus d'une fois, masquer nos projets d'un programme politique. C'est que, de loin en loin, même en France où on a du nez, nos hommes aient pu faire de ces bons petits coups de main qui sont des révolutions, c'est-à-dire nous camper à la place de ceux qui gouvernent, pour le plus grand bien de l'humanité, et pour le nôtre s'entend. Je sais bien que ça ne dure pas et que nous finissons toujours par rouler en

bas de l'échelle, mais on n'y est pas moins monté et on a
pu faire à peu près sa cueillette ; pas vrai ? Plus j'y pense,
plus ça me paraît surprenant, inexplicable, car enfin..... —
car enfin, petit ? — Eh ! oui, l'ancien, vous me comprenez.
D'ordinaire, pour réussir — c'est vous-même qui me l'avez
dit cent fois, — il faut être ou les plus nombreux, ou les plus
capables, ou les plus courageux, ou les plus forts. Eh bien !
il me semble.... Suffit, petit : tu as de l'œil ; c'est touché
juste. Moi aussi, je dois te le dire (et le vieux se mit à
bourrer sa pipe d'un air profond) moi aussi, j'ai bien
réfléchi là-dessus. Même, il y a des années de ça, j'avais
mis en écrit le résultat de mes réflexions, avec l'idée d'en
faire un gros livre qui se serait, grâce aux honnêtes gens,
admirablement vendu. » Ici le bonhomme me tendit un
paquet de papiers jaunis qu'il tenait cachés sous sa veste :
« Tiens, continua-t-il, lis ça. Tu y verras, — comme ton
intelligence précoce l'aurait deviné, — pourquoi nous avons
mené plus d'une fois à bonne fin cette entreprise d'Hercule
de confisquer la société, à notre profit. Ce n'est point parce
que nous avions pour nous le nombre, le talent, le
courage, la force ; c'est parce que nous étions servis à
souhait par l'*inertie* et la *bêtise* des honnêtes gens. Voilà
la clef du mystère. La bêtise des honnêtes gens, res-
source infaillible, elle ne nous fait jamais défaut. Est-ce
que je vivrai assez longtemps pour en être témoin une fois
de plus ? Je l'ignore : mais toi, petit, tu auras cette conso-
lation ; il y a en toi de l'étoffe et de l'avenir : tu seras un
jour ma gloire. Garde précieusement ces papiers ; si plus
tard tu veux en faire un livre ; mets-toi à l'œuvre, sans
craindre que les honnêtes badauds qui te liront en profitent :
ces gens-là n'apprennent rien, même à leurs dépens. »

Le vieux est mort, mais je n'ai jamais oublié ses paroles,
et le manuscrit qu'il m'a légué ne m'a pas quitté. Ce qu'il a
écrit, je l'ai comparé avec ce que m'a appris ma propre
expérience, et toujours j'en suis revenu à conclure que le
bonhomme voyait très-clair.

Quelque jour, quand nous autres, frères et amis (je vous
emprunterais volontiers un mot qui nous peint à merveille :
race des Gredins, la seule chose raisonnable que je trouve
dans vos écrits sur nous), quand donc, notre règne sera
bien consolidé à Paris, et que nous aurons au gouvernail
nos cousins et neveux chez ces provinciaux et ruraux

que ne réchauffe pas encore le soleil de la Commune (1)

J'acquitterai la dette de la reconnaissance en produisant au jour le précieux manuscrit dont j'ai le dépôt. Je l'avoue sans fausse modestie, — si c'est une faiblesse, quelle vertu n'en a pas? — c'est sur cet important ouvrage que je fonde toute la renommée littéraire de mon vieux maître et la mienne. Et comme, après tout, bonnes gens des Académies, nous vous laisserons bien quelque part, faute de sujets pour remplir vos fauteuils, un coin paisible pour prononcer des discours et tresser des couronnes, je ne m'étonnerais pas de vous voir à l'envi orner nos fronts de vos lauriers. Je ne l'espère pas, j'y compte.

Aussi, voulant attirer dès maintenant votre attention, et point fâché de m'annoncer moi-même au public, je me décide à vous offrir aujourd'hui ma préface, avec promesse solennelle d'imprimer le volume cette année, si la brochure se vend bien. Puis, à dire vrai, j'ai une autre raison à mes yeux assez solide pour ne pas redouter d'entrer si vite en scène. Je vous connais : avec vous bien fin qui commettrait une imprudence, même en admettant que le triomphe des frères et amis n'est encore ni complet ni assuré. J'aurai beau vous donner des conseils et les meilleurs : vous mettrez votre gloire à ne pas les suivre; c'est de tradition. Mes avis, vous les lirez, vous les trouverez bons, vous y reconnaîtrez votre façon d'apprécier les choses : mais vous en resterez là; et, ma foi! puisque vous le voulez, ce n'est pas moi qui m'en plaindrai.

Entre mille qualités que je vous laisse le soin de découvrir, ma préface en a une que je ne puis me dispenser de vous signaler : elle est plus courte que bien d'autres. Rien de plus avantageux pour vous, car la brièveté rassure contre l'ennui; rien de plus utile pour moi, car la préface ne nuira point au livre, grand souci des auteurs de toute taille, je n'ai pas à vous l'apprendre. Tout ce que je me propose de développer tiendrait dans quatre mots, retenez-les sur-

1. Le mot ne nous importe guère, à la vérité, mais celui-ci a l'avantage d'habiller décemment la chose, et c'est un mérite. Pour les détails relatifs à ce point très-intéressant, je renvoie le lecteur à la remarquable brochure que vient de publier le citoyen Borgari (de l'Internationale, section moldave) : « Des moyens de transformer le vol en réquisition, le gaspillage en commune et la tyrannie des coquins en fraternité universelle. » 1 vol. in-18, chez tous les libraires.

tout : mieux vous les retiendrez, moins vous les pratiquerez :
Comptez-vous ! Unissez-vous ! Montrez-vous ! Armez-vous !

I

D'abord, honnêtes gens, il faudrait songer à vous compter.
C'est là une chose bien simple, n'est-ce pas ? Eh bien !
vous ne vous en êtes jamais avisés.

Je conçois que le recensement présente quelque difficulté ;
car, Dieu me pardonne ! votre race maudite est, quoique
vous pensiez, presque aussi nombreuse que la postérité
d'Abraham. Mais enfin avec un peu de bonne volonté et
une médiocre dose d'activité, on en viendrait à bout. Dans
chaque ville, dans chaque bourgade, dans chaque village,
qu'il vous serait aisé, si vous le vouliez, de connaître les
vôtres !

D'ailleurs la besogne fût-elle dix fois plus pénible, c'est
indispensable.

Quoi de plus important pour un général que de savoir au
juste le nombre de ses soldats ?

Quoi de plus essentiel pour la défense d'une cause que de
savoir sur combien de partisans on peut compter ? Certes les
résultats vous dédommageraient amplement de la peine.

Comment oser quelque chose quand on ne s'est pas
demandé si on sera suivi ?

Et puis, en se comptant, on fait le triage : on voit les
dévoués, les tièdes, les irrésolus, — et de la sorte on pré-
vient les surprises que l'heure du danger réserve toujours à
l'imprévoyance.

Or, je le répète, vous ne vous comptez pas. Et pourquoi ? par paresse d'abord : pour vous compter il faudrait
faire un pas hors du nid d'insouciance et de sécurité encrou-
tées où vous préférez dormir ; ensuite, parce que, adoptant
sans contrôle, par routine et par peur, les chiffres que nous
étalons et que vous voulez bien grossir, vous vous comptez
mal.

Qui donc proclame le plus haut que nous remplissons le
monde, que les honnêtes gens se font rares, si rares qu'il
n'en resterait guère plus que la graine ?

Est-ce nous ? Non, c'est vous qui le criez sur tous les
toits.

Que les prêtres le disent dans leurs chaires, passe ! c'est

leur métier de ne pas faire de compliments à ceux qui les écoutent.

Mais vous?

Si encore vous y aviez intérêt !

Allez, nous en savons plus long que vous là-dessus, dans nos rangs on n'oublie pas de se compter

Et tenez, parlons franc ; le démembrement des têtes et des bras à notre service n'est pas une addition bien compliquée. Même en faisant argent de tout (nous ne faisons pas les délicats, vous le savez), même en comptant les indécis que nous entraînons (vous nous les laissez toujours), nous ne sommes pas nombreux, il s'en faut.

Mais notre petit nombre, nous le taisons. Vous seriez prêts à jurer que tout le genre humain sauf trois ou quatre champignons est avec nous: nous vous laisserions dire.

Vous n'ignorez pas qu'à Paris nous en sommes réduits, pour durer un peu, à demander du renfort aux cinq parties du monde, en convoquant fraternellement tous les coquins de la terre : vous n'en criez pas moins à tue-tête : « Il leur suffit de frapper du pied pour faire lever des bataillons. » Vous y tenez ? Soit...

Mais, malheureux qui faites si bien nos affaires, ne pouvez-vous donc réfléchir un instant ? Dites-moi : qui, pauvre ou riche, ouvrier ou maître, n'aime pas d'instinct l'ordre, la tranquillité publique, la sécurité du foyer, qui ne réclame pas la jouissance paisible, pour les uns, des biens acquis ou reçus en héritage ; pour les autres, du prix de leur travail et des sueurs de leurs journées ? Qui est impatient de voir tout cela devenir la proie de quelques pillards, lesquels, pour la plupart, n'ont que peu à perdre et beaucoup à gagner ? Qui souhaite vivre sous ce bienfaisant régime de la Commune à l'instar de Paris, où, sous prétexte d'intérêt public, les meneurs de la barque font honnêtement leurs affaires aux dépens de tout le monde? Qui veut cela? Nous, sans doute, mais nous tous, gredins de jeune et de vieille roche, nous savons mieux que personne que nous ne formons pas le gros de l'armée.

Avis à qui sait entendre.

II

J'ajoute : il faudrait vous unir.

Un vieux proverbe dit et vous ne contesterez pas sa valeur : *l'union fait la force*. Ce dicton-là, c'est un de vos pères, je n'en doute pas, qui l'a inventé, mais ses enfants ne songent guère à le pratiquer.

Vous connaissez du reste la puissance de l'association. Sur cette question comme sur tant d'autres, vous dissertez à merveille, vous avez entassé des mémoires et des livres à remplir des bibliothèques, vos théories sont admirables et nous y puisons largement : mais ces théories, vous ne les appliquez pas.

Le grand levier de l'association, qui l'a en main ? qui sait en tirer les effets puissants dont ce siècle s'étonne, les secousses profondes qui ébranlent la société sur ses bases ? Vous.

Le mystérieux aimant qui attire et rapproche ceux qui se ressemblent, nous vous l'avons dérobé.

L'union, l'union à la fois la plus vaste et la plus étroite, voilà la meilleure partie de notre secret et le plus sûr de nos moyens. Si nous sommes deux, nous mettons en commun nos ressources : la force, l'habileté, la fortune de l'un suppléent à la faiblesse, à l'insuffisance, à la pauvreté de l'autre. Chez vous, on tient à demeurer seul, on s'obstine à s'isoler... Pourquoi ?

J'en conviens: pour vos affaires d'argent, de famille ou de religion, il vous arrive parfois de faire un effort, et vous vous unissez. Mais dans votre lutte éternelle contre nous, vous évitez soigneusement d'user de nos armes : c'est courtois, je le veux, pourtant qu'y gagnez-vous ? Comment expliquer une tactique aussi maladroite ?

Pourquoi hommes des belles théories, ne descendez-vous jamais à la pratique ? Pourquoi au rebours de ce que nous voulons à tout prix : toucher le but que vous savez, vous suffit-il à vous d'entrevoir de loin le vôtre ?

C'est que pour parler, pour écrire, il n'en coûte que d'ouvrir la bouche ou de prendre une plume ; mais pour décupler par l'union ses moyens d'action, il en coûte davantage, il faut se chercher et s'entendre : cela c'est trop pour vous ; toujours les mêmes défaillances et vous reculez. C'est qu'en outre toute union exige des concessions, des sacrifices réciproques, et chez vous on est sourd de cette oreille-là. Chez nous personne ne se le dissimule ; mais le but est là, nous nous résignons.

Je ne prétends pas que l'entente soit toujours parfaite

entre nous. Dès qu'il s'agit de partager, les nuages montent vite à l'horizon, et nos querelles de ménage sont citées pour leur violence. — Chère Commune de Paris, ta lune de miel a déjà subi bien des éclipses, — N'est-il question au contraire que de marcher contre vous et de se liguer pour vaincre ? et, s'il est possible, pour écraser les honnêtes gens ? Conflits d'intérêt, d'ambition, de passions; idées, opinions qui se heurtent, haines et rancunes, tout est mis sous les pieds, tous les comptes sont ajournés après la victoire ; c'est l'accord le plus touchant, l'union la plus fraternelle.

Sous votre drapeau il n'en va pas ainsi : un rien vous divise, et vous restez opiniâtrement divisés lors même que l'intérêt le plus pressant vous invite à serrer vos rangs.

A l'heure présente, nous voici face à face. Votre unique souci du moment, ce qui devrait tout dominer dans vos sollicitudes, est-ce que ce n'est pas la préoccupation du salut commun, la volonté unique d'assurer ce que vous appelez l'ordre, de sauver les rouages et de protéger le fonctionnement de votre machine sociale? Est-ce que le maintien ou la ruine de cet état de choses n'entraîne pas fatalement dans son sort ce que chacun de vous a personnellement de plus cher?

Eh bien ! la pensée qui vous absorbe, ce n'est pas celle du salut commun.

Dites moi la main sur la conscience, puisque ce hochet-là paraît avoir encore des autels pour vous, pour beaucoup d'entre vous tout ne se borne-t-il point à se garer soi-même, sauf aux voisins à se tirer d'affaire de leur mieux?

Les plus disposés à s'unir, je les vois arrêtés et figés dans leur isolement par des questions de forme, des vétilles, des riens.

On ne veut en réalité le salut de sa cause que dans telles conditions, sous telle enseigne, avec telle devise. La maison est menacée dans ses fondements, et l'on s'occupe gravement à discuter sur son architecture.

Pas un qui veuille sacrifier ses répugnances, mettre en oubli ses prétentions. Comment tendre la main à celui-ci ? il n'a pas la même manière de voir en religion ou en politique. A celui-là ? sa nuance est trop pâle ou trop foncée. A cet autre ? il faudrait faire le premier pas ! A un tel? sa position dans le monde nous sépare, il est trop au dessus ou trop au dessous de moi. — En voici un que rien ne m'empêche d'aborder : mais je ne le connais point. Qu'en penserait-il?

Puis vous voulez tous être au gouvernail; à la manœuvre personne! Que de pilotes parmi vous pour un simple matelot!

Et en fin de compte, embarqués sur le même vaisseau, vous sombrez de concert plutôt que d'éviter les écueils en combinant votre action.

Sans me donner comme prophète, je vous le prédis avec une entière certitude, ce qui vous a perdu hier, vous perdra demain.

Songez-y!

III

Faut-il le murmurer tout bas, afin que vous ne tombiez pas en syncope? — l'accident serait désagréable, car je n'ai ni sels ni éther à vous offrir. N'importe, je le crie de ma plus grosse voix : « MONTREZ-VOUS! AFFIRMEZ-VOUS! »

Quoi! se montrer? Quoi! se mettre en avant? Quoi! parler, agir, s'affirmer? Eh! oui, bonnes gens. — Quoi! se compromettre? car enfin se montrer et... cela, c'est tout un! — non pas, s'il vous plait : se montrer, c'est se faire estimer des uns et redouter des autres. Vous ne vous en doutiez pas, je m'en aperçois; encore une médecine dont vous n'ignorez pas la vertu, et qui vous fait faire la grimace du plus loin que vous l'entrevoyez. Tranquillisez-vous, je ne veux pas vous forcer à l'avaler.

. . . .

Il me souvient, je crois, d'un mot latin — le seul que j'aie jamais pu retenir en français : — « *à l'audace le gros lot* », vraie parole d'or, ma foi! Je ne sais quel est le bonhomme de savant qui a trouvé ce mot-là; mais je serais bien tenté de jurer qu'il était des vôtres, car il l'a dit exprès pour nous.

Vous nous laissez l'audace et vous gardez... la peur, comme l'a écrit, dit-on, l'illustre Rochefort, au temps où il rimait des cantiques à l'école de Victor Hugo.

Soyez francs; ici, je mets le doigt sur la plaie.

Vous ne vous comptez point : — pour se compter, il faut se montrer, — et vous n'osez pas!

Vous ne vous unissez point : — pour s'unir, il faut encore se montrer, — et vous n'osez pas!

Pour vous, lièvres politiques, toute la science, le fin fond
du sac des habiletés, c'est de ne pas souffler mot, de se
tenir coi, de s'effacer, de se faire oublier... Art suprême !
quand vous l'avez atteint, quand vous êtes aussi annihilés
que possible, vous vous frottez les mains d'aise, et vous
dites : « Parfait ! »

Nous, au lieu de nous effacer, nous ne perdons aucune
des chances de paraître ; nous aimons à ce qu'on se glisse à
l'oreille, il nous plaît même qu'on répète tout haut : « Ils
sont là ! » Les effarés sont nos meilleures trompettes.

Il est vrai que nous préférons souvent à l'éclat du jour la
nuit et ses ombres favorables. Outre que la police chargée de
nous surveiller n'a pas toujours l'œil du chat pour percer
nos ténèbres, le mystère est d'un excellent effet de pers-
pective qui en impose aux sots : ce vieil épouvantail ne
s'use jamais.

Ainsi, tantôt rampant dans les ténèbres, tantôt nous éta-
lant sans vergogne, fuyant l'œil qui nous poursuit ou le
bravant, nous avançons lentement, mais sans arrêt, et à
coup sûr. Un beau jour vous sentez notre main sur vos
épaules et vous vous écriez : « Est-ce possible ? » — Niais !

Nous qui pensions disputer le terrain pied à pied, nous
marchons, nous manœuvrons, nous arrivons sans obstacle ;
vous n'avez rien de plus pressé que de nous céder la place
sans combat et nous nous piquons trop de bons procédés
pour ne pas occuper tout le terrain qu'on nous laisse. —
O les dignes conservateurs !!!

Nous sommes donc partout, d'abord parce que vous n'êtes
nulle part ; puis, parce que vous poussez le zèle de nos
intérêts jusqu'à croire et jurer à tous les échos que nous
sommes là, où malgré notre bon vouloir, il nous serait bien
difficile d'aborder. Un tel dévouement m'attendrit.

Qui de vous ne tremble à la seule pensée de se mettre en
avant ? — et cependant qu'un seul bien résolu se lève, il
aurait des armées derrière lui ! Mais cet homme de cœur,
c'est chez nous qu'il vous faudrait le prendre : il vous man-
quera toujours ! Je me trompe : à huis clos, les portes soigneusement fermées et devant vos femmes et quelques
amis non moins intrépides, vous n'hésitez pas à vous montrer ! Vous êtes pleins de résolution et de projets, prompts
aux décisions salutaires, prêts aux mesures les plus énergiques... vous vous dévouez, vous vous immolez !... Mais

qu'un voisin vous écoute, qu'il faille descendre de la maison dans la rue, tout cet appareil de courage tombe ; vous rentrez en hâte dans votre écaille, vous avez peur de passer pour un honnête homme qui ne craindrait pas de le paraître ! Tudieu ! vous enfonceriez fièrement des portes ouvertes !

Ah ! que nous savons autrement nous remuer, nous autres ! Pas une occasion de servir notre cause, de préparer nos coups de main, de planter un jalon pour l'avenir qui vous échappe et que nous ne mettions à profit. — A l'audace le succès — je bois à la santé de ce proverbe.

Nous osons nous montrer ; notre audace vous abat, vous rentrez sous terre.

Vous disparus, on ne voit plus que nous ; voilà ce qui nous livre les faibles, les indécis, la foule de ceux qui, pas mauvais au fond, inclineraient de votre côté ; nous les entraînons à force d'audace, ou nous les enchaînons par la peur.

Vous avez tout en main, mais vous ne savez user de rien.

Vous ne vous affirmez pas !

Vous défendez des idées qui trouveraient naturellement un écho chez la plupart des hommes : la masse a tant de peine à s'en défaire ! Vous n'auriez besoin, pour les faire mettre en pratique, pour les rendre toutes-puissantes que de les énoncer carrément. Le faites-vous ?

Au contraire, les idées que nous soutenons, nous ne pouvons pas les montrer sans voile, elles feraient horreur. Il nous faut les déguiser, les farder et encore ne les présenter que de profil.... mais cet inconvénient, l'audace de nos affirmations le rachète.

L'homme a besoin qu'on lui affirme quelque chose ; vous gardez le silence, il prête l'oreille à nos discours, et comme nous affirmons hardiment, effrontément, il est presque convaincu par avance que nous lui disons la vérité.

Les absurdités les plus palpables nous réussissons à les lui loger dans la cervelle.

Nous affirmons que les riches et les prêtres qui en sont les premières victimes sont cause de l'invasion et de la guerre.... et on nous croit.

Nous avons trop de sens pour ne pas nous incliner respectueusement devant certains casques et certains canons : mais nous ne nous ferons pas moins honneur du départ des troupes étrangères que nous aurons retardé. Déjà nous

l'insinuons, et l'on nous croit. Nous vantons notre patrio-
tisme, nous affirmons qu'avec nous il n'y aurait jamais eu
d'occupation allemande : nous serions allés sans coup férir
jusqu'à Berlin ! — et pourtant, à l'exemple de nos frères de
Paris, nous n'avons de bravoure que pour nous battre
contre des Français sans armes.... mais on nous croit.

Nous faisons mille promesses au pauvre peuple sachant
fort bien que nous ne pourrons ni ne voulons les tenir ...
mais il nous croit.

Mainte fois déjà les égarés que nous séduisons ont été nos
dupes, n'importe : nous tendons la ligne, ils se disputent
pour qui viendra le premier mordre à l'hameçon.... et le
tour est joué ! Peut-être espérez-vous, vous les timides,
qu'enfermés dans le mutisme et l'inaction, vous y gagnerez
du moins d'être oubliés ?

Détrompez-vous : la reconnaissance n'est pas notre fait,
et des alliés comme vous ne reçoivent le salaire que de
leur lâcheté.

Vous avez beau faire : la marque de votre baptême vous
reste ; au jour du triomphe nous ne verrons en vous que
des ennemis vaincus ! Les seuls que nous estimions et sur
lesquels même vainqueurs, nous hésitons à porter la main,
ce sont nos ennemis francs et déclarés. Ils deviennent rares
ceux-là ! Souvenez vous en : nos pères de 93 bien autrement forts que nous, maîtres par la Terreur de Paris et des
deux tiers de la France, n'ont rien pu contre quelques
provinces, contre quelques villes même qui avaient l'éner-
gie et le bon sens de leur résister.

Que l'idée ne nous vienne pas d'en faire autant surtout !

IV

Enfin, honnêtes gens, armez-vous !

Assurément, si je n'étais pas aussi bien renseigné sur
votre indécrottable bêtise ; si je ne savais parfaitement que
vous méfiant de tout conseil ami, vous ne suivrez pas davantage ceux d'un ennemi qui vous méprise, — je serais
bien sot de lâcher ce mot-là ; les frères et amis m'en feraient
joliment repentir !

Mais heureusement je vous connais.

Oui, armez-vous ! cherchez en haut, en bas, à droite, à
gauche, creusez-vous la tête et frappez-vous le front, — c'est
la plus urgente des mesures, c'est votre planche de salut !

Non pas que je vous exhorte à vous mettre en campagne et à ouvrir d'emblée le feu ; — non, l'intérêt même de votre cause exige le cas de pressante et légitime défense sans quoi nous crierions au fratricide, et vous passeriez, en dépit de tout, pour des gredins pires que nous. Attendre, c'est une partie de votre force, oui, mais à condition que vous attendiez l'arme au bras !

Est-ce à moi de vous rappeler combien elle vous coûte cher la naïve confiance qu'on a eue dans les intentions pacifiques de nos frères de Paris ? Si j'étais vous, provinciaux, je ne donnerais pas dans le piége ! Votre joie sera sans doute de vous y jeter tête baissée ? Soit ; nous vous promettons alors le sort de la capitale ; en conscience, nous ferons de notre mieux pour être dignes de nos aînés !

Jouons cartes sur table : je dédaigne les équivoques, signe de faiblesse. Le temps des disputes parlementaires, des duels de paroles, des batailles de mots, pour des réformes, des articles de loi, des libertés, des constitutions, ce temps-là, le temps des enfantillages est passé.

Il ne s'agit pas non plus de se mesurer à coup de principes, des principes ! nous n'en voulons plus : lesquels voudriez-vous nous opposer ?

Dans notre programme, le seul et unique principe, c'est de faire descendre ceux qui sont en haut pour nous mettre à leur place, c'est de nous substituer une bonne fois à tout ce qui est, à tout ce qui a quelque chose : est-ce clair ?

. . . .

Il y a deux races dans le monde, il y en a toujours eu deux : la race des honnêtes gens, et celle des coquins : gredins de tout étage et de toute taille, dont je m'honore de faire partie.

Nous avons porté plus d'un nom dans l'histoire, nous avons pris plus d'un déguisement aussi, mais sous tous les vêtements et sous tous les noms : Vandois, Jacques, Sans-Culottes, Partageux, Communeux, etc.... ne vous y trompez pas, c'est toujours nous !

Les deux familles n'ont jamais vécu en bien grande intimité : elles se gênent, elles se sont toujours combattues. Il faut en finir, il faut savoir qui l'emportera, il faut savoir si nous ne réussirons pas une bonne fois à saisir la queue de la poêle, sans être ensuite obligés de la lâcher !

Cette question-là, voyez-vous, c'est la force, la force brutale qui doit la décider. Regardez nos frères de Paris : leur seule politique aujourd'hui, c'est de courir aux armes ; leur unique plan, de piller. Pour arriver à ce résultat, ils emploient, contre ceux qui vous défendent, les armes que la France avait mises aux mains de ses enfants pour repousser l'Étranger.

Des armes, nous en trouvons toujours ; au besoin, vos arsenaux mal gardés seraient là pour nous en fournir, car souvent vous nous abandonnez de vous-mêmes les ressources dont vous ne savez pas tirer parti. Si vous étiez prêts pourtant, il nous serait difficile de l'être, mais, braves gens, vous ne voulez pas prévoir !

Ces bonnes armes si tristement déposées naguère sous les fourches caudines, croyez-vous qu'on hésiterait longtemps à vous les rendre.

Qui refuserait de mettre dans chaque ville, sur pied d'armement convenable, ce que vous nommez si emphatiquement le Parti de l'Ordre?

Peut-être suffirait-il d'un mot, d'un demi-mot aux hommes que vos suffrages ont placés à la tête de la cité.

Avant tout n'appelez aux affaires que les hommes qui, aux heures de crise, sauraient tenir le timon d'une main ferme, des hommes clairvoyants, énergiques, auxquels nos menées n'échappent pas, qui ne perdent jamais la piste et quoiqu'il arrive ne songeront pas à *se replier*.

Gardez-vous de confier le salut de votre cause aux mous et aux trembleurs : ce serait nous offrir vos poitrines sans cuirasse et sans bouclier.

Dès que vous y serez autorisés, travaillez activement à réorganiser vos gardes nationales, non-seulement sur le papier, ce qui ne sert que pour la montre, mais en fait: cadres d'officiers et de soldats, munitions, postes à garder, que rien ne soit laissé à l'imprévu de la dernière heure!

Au jour où on vous remettra le droit de veiller à la sûreté publique, que tous vos hommes soient prêts !

Recrutez-vous parmi tout ce qu'il y a d'honnête dans les diverses classes sociales : le peuple vous fournira un large contingent, car, malgré nos efforts pour le corrompre, l'ouvrier reste en général honnête et bon. N'exigez qu'un certificat d'honnêteté; exigez-le de tous, ouvriers ou bourgeois ; laissez-nous les suspects, les désœuvrés, les piliers de cabaret, les repris de justice ; ils nous appartiennent, et d'ailleurs ils vous serviraient mal. Faites la chaîne de ville à ville, de canton à canton, de village à village, que chacun ait l'œil sur la maison du voisin, et vole à son aide au premier signal, et comme deux sûretés valent mieux qu'une, réclamez, avant même qu'elles puissent vous être rendues, les garnisons que les besoins de la guerre vous ont enlevées. Si nous avons vu, en un moment de surprise, des soldats passer dans nos rangs, — une fois n'est pas coutume —, le soldat français, — pour parler votre langage — n'écoute que trop hélas! la voix du devoir et de l'honneur.

Voilà les forces dont vous pouvez disposer : groupez-les en faisceau... diable! pourtant ne vous pressez pas : — vous perdriez votre réputation et mon livre, ce livre qui fera la gloire de mes cheveux gris tomberait dans l'eau. Non, vous n'aurez pas cette cruauté!

Nous voici au bout, et je crois, parole d'honneur! que vous en êtes, bonnes gens, plus fâchés que moi.

La sauce pourrait être meilleure, je ne dis pas non, mais le ragoût est assez propret, cuit à point et en somme suffisamment présentable, qu'exiger de plus?

Il est donc entendu, accordé, démontré, que votre vieille armure rouillée (si toutefois vous en avez une, ce qu'il faudrait éclaircir) a bien des défauts; — et fatalité déplorable! il n'est pas moins constaté que vos yeux invalides sont absolument incapables de les apercevoir sans les lunettes d'autrui.

RÉCAPITULONS :

Vous ne vous comptez pas et vous nous comptez mal; il faudrait compter mieux !

Nous sommes étroitement unis, vous ne l'êtes pas du tout; il faudrait vous unir!

Vous n'osez vous montrer, on ne voit que nous; montrez-vous donc !

Nous ne manquons pas d'armes, vous n'en avez point ; prenez-en !

Que si vous désirez tant soit peu une nouvelle édition de ces bons avis, mon éditeur et moi, nous sommes tout disposés à la donner, rien que pour vous être agréables.

SALUT ET HOSTILITÉ!

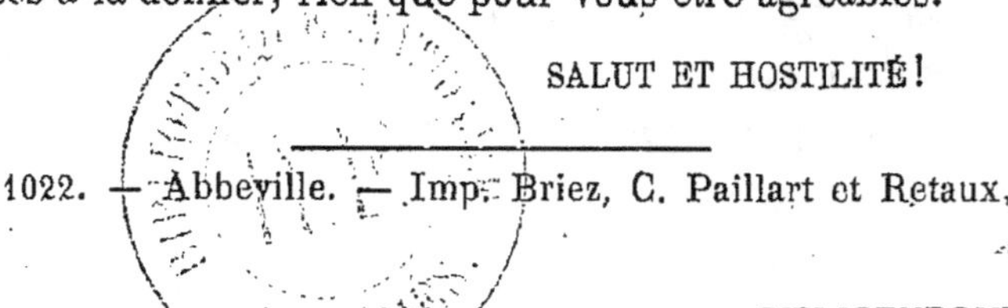

1022. — Abbeville. — Imp. Briez, C. Paillart et Retaux,

www.ingramcontent.com/pod-product-compliance
Lightning Source LLC
LaVergne TN
LVHW021806030726
842523LV00003B/1234